LE **FRANÇAIS** PAR **LES MOTS CROISÉS**

1 Niveau débutants

EUROPEAN LANGUAGE INSTITUTE

© **ELI** s.r.l. - **European Language Institute**
P.O. Box 6 - Recanati - Italia
Tel. +39/071/750701 - Fax +39/071/977851 - E-mail: eli@fastnet.it

Imprimé en Italie - Tecnostampa - Loreto

ISBN - **88 - 85148 - 14 - X**

La pratique moderne de l'enseignement des langues accorde de plus en plus d'importance à la **visualisation:** un vocabulaire illustré peut être mémorisé plus vite qu'un mot expliqué simplement par d'autres mots. L'emploi des «mots croisés» répond à cet objectif.

Pour un premier niveau de connaissance de la langue, cet exercice est une alternative à la traduction, à la définition et à la description des mots. Des experts en didactique ont choisi **14 thèmes** et ont sélectionné arbitrairement **20 mots pour chacun des thèmes** illustrés sur la page qui précède chaque série progressive de jeux.

La première page de jeux présente dix illustrations.

L'élève peut placer les mots en s'aidant de l'illustration et en comptant le nombre de lettres.

Dans la deuxième page, il trouve les dix autres illustrations du thème.

Dans la troisième page, sont utilisées cinq illustrations de la première page et cinq de la deuxième page.

Dans la quatrième, les cinq qui restent de la première page et les cinq qui restent de la deuxième page.

A ce point, l'élève est capable de se rappeler tous les mots et peut les placer facilement **dans la dernière grille de la série.**

En complétant successivement les différents schémas, les élèves se familiarisent avec les mots et augmentent leur vocabulaire car l'image associée au mot et la répétitivité du jeu favorisent la mémorisation.

Ce livre de jeux peut être également utilisé par l'élève chez lui, surtout pendant les vacances.

le lapin

le taureau

le cheval

le coq

l'âne

le mouton

le chien

le chat

la vache

le rat

le canard

la poule

l'oiseau

l'oie

le poussin

le cochon

la grenouille

le dindon

le papillon

la chèvre

4

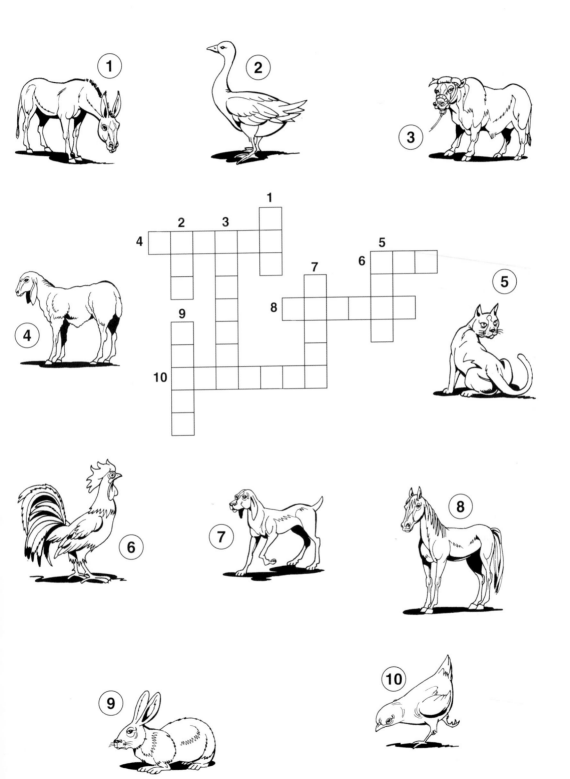

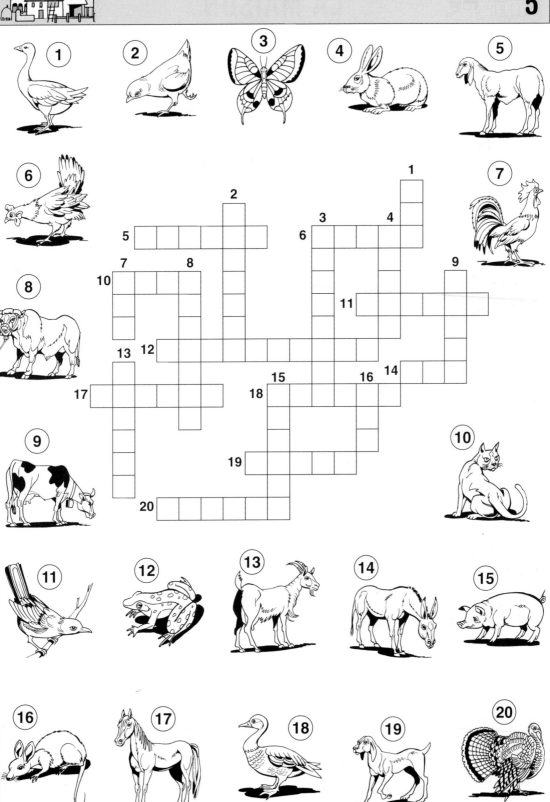

LA MAISON

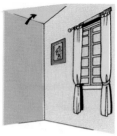

le plafond

le mur

la cheminée

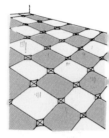

le carrelage

le toit

la fenêtre

la porte

le portail

la chambre

la salle de séjour

la cuisine

le salle de bains

l'entrée

les marches

l'escalier

l'immeuble

la villa

l'appartement

le garage

le jardin

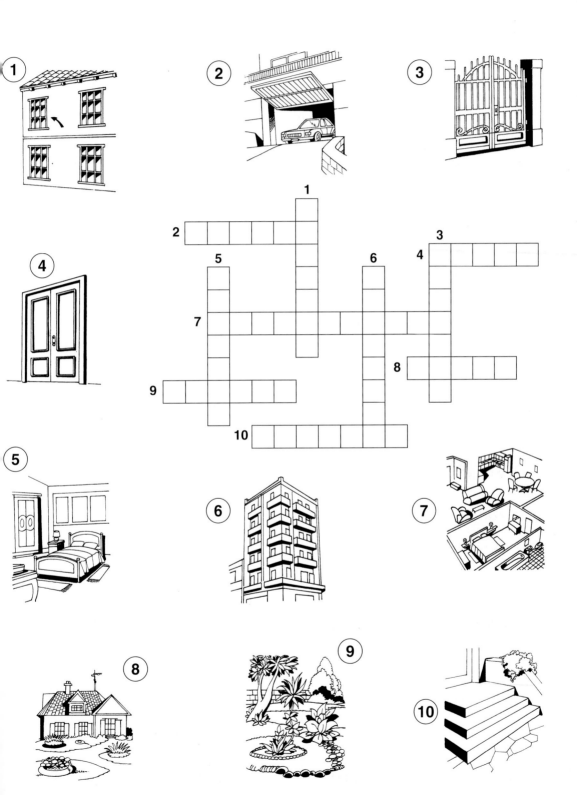

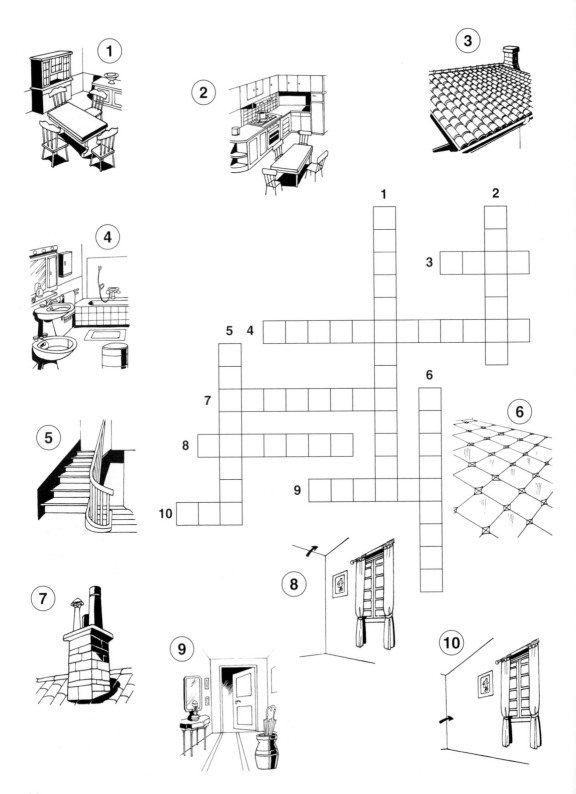

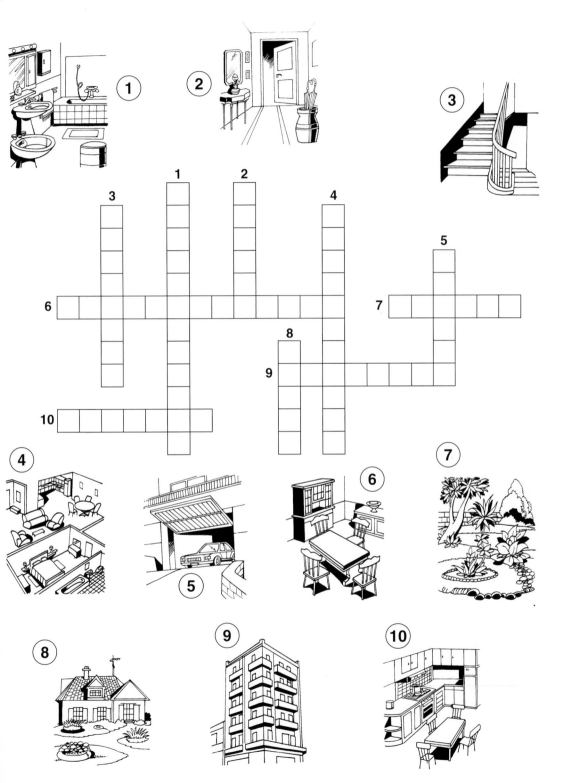

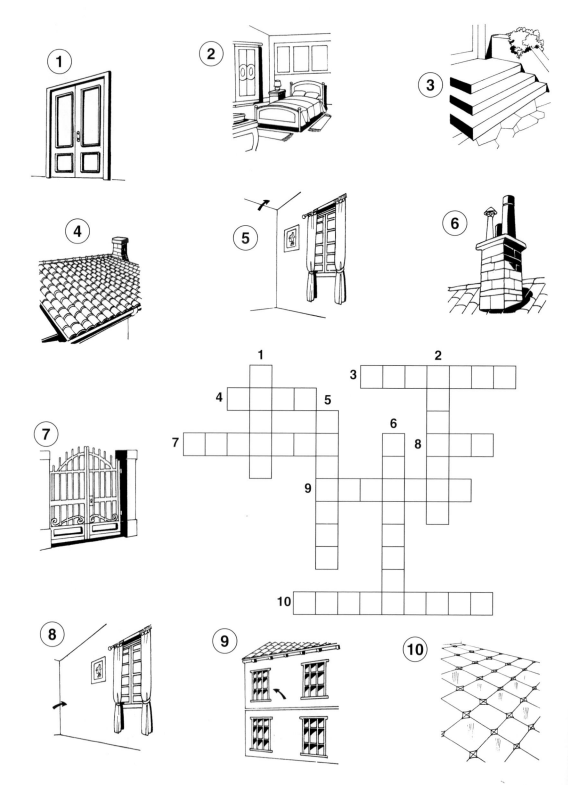

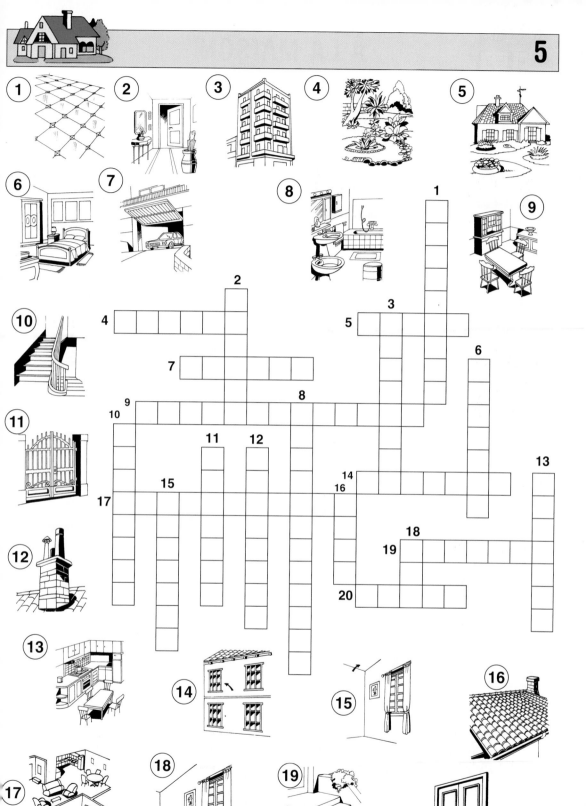

le lit

l'armoire

le réveil

le téléviseur

le fauteuil

le divan

la table

la chaise

le coussin

les tiroirs

la lampe

le tableau

le réfrigérateur

la machine à laver

le lavabo

la baignoire

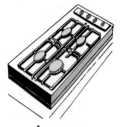

le gaz

l'évier

le robinet

le miroir

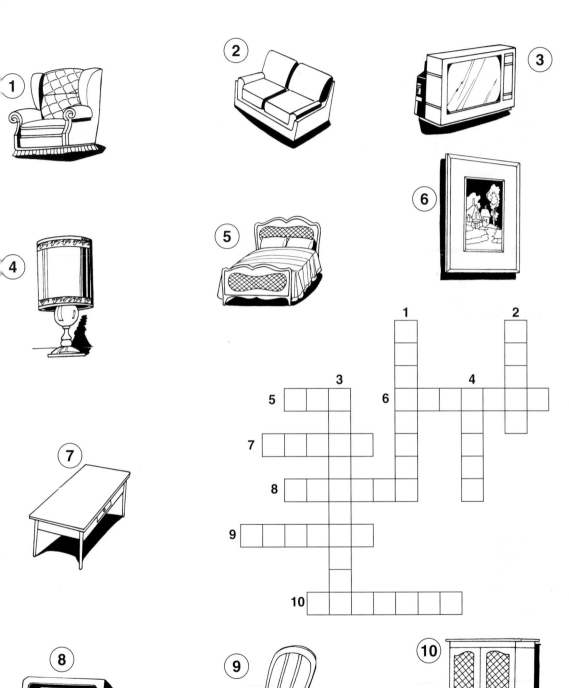

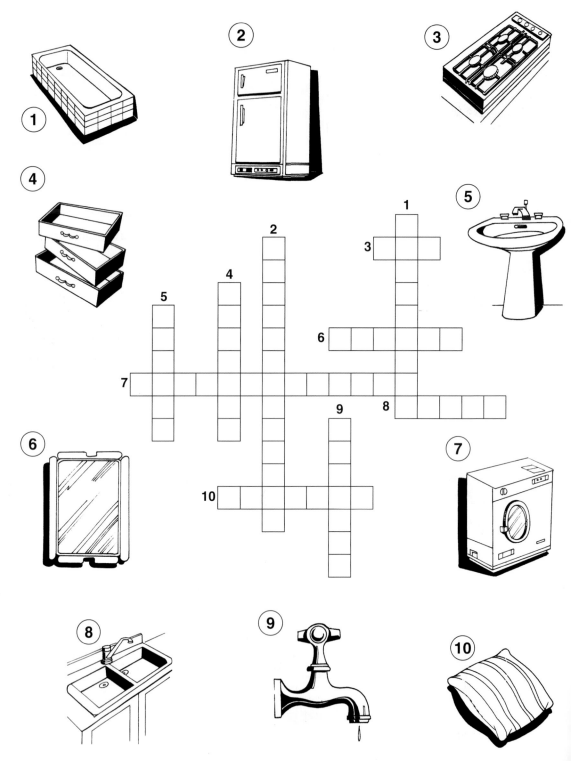

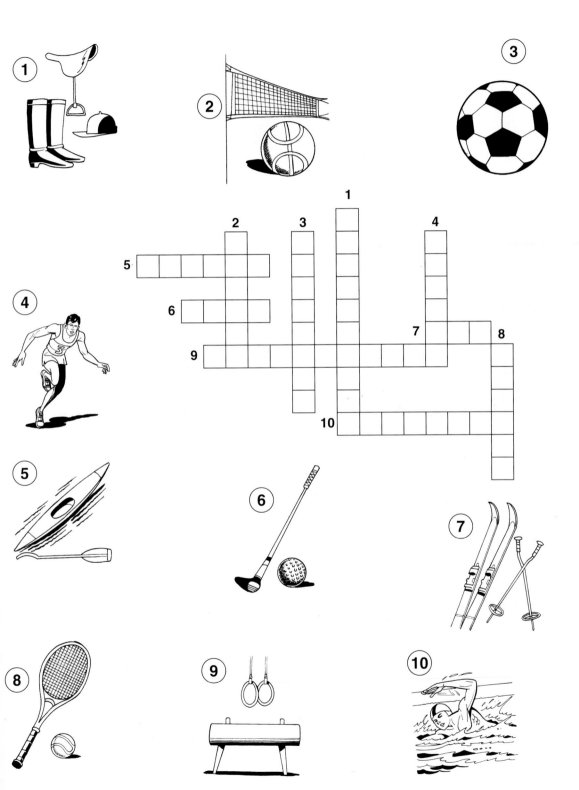

23

2

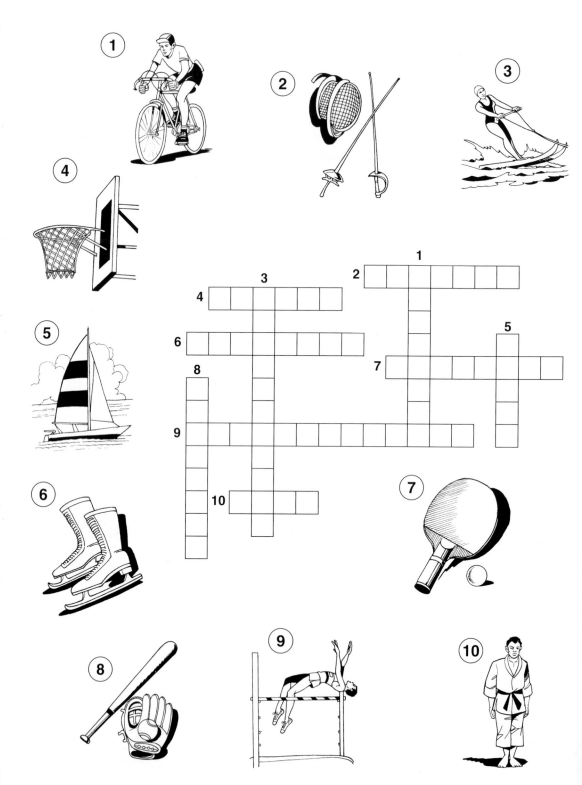

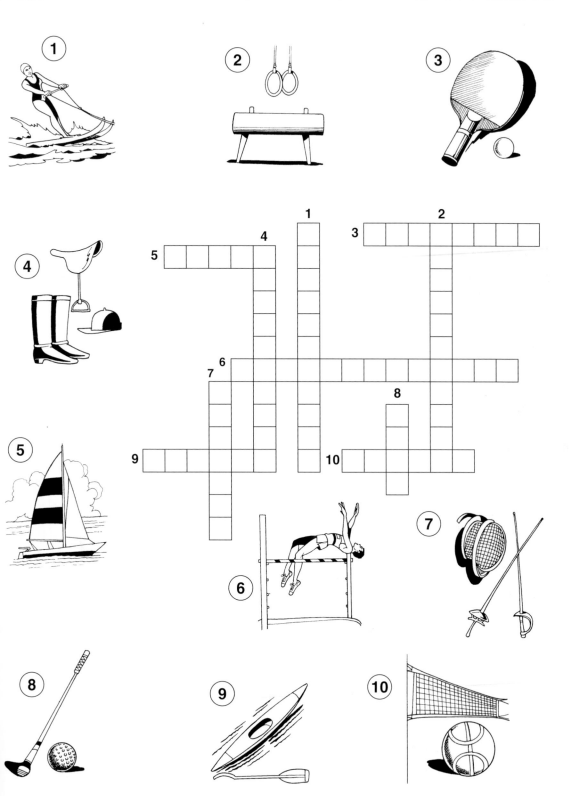

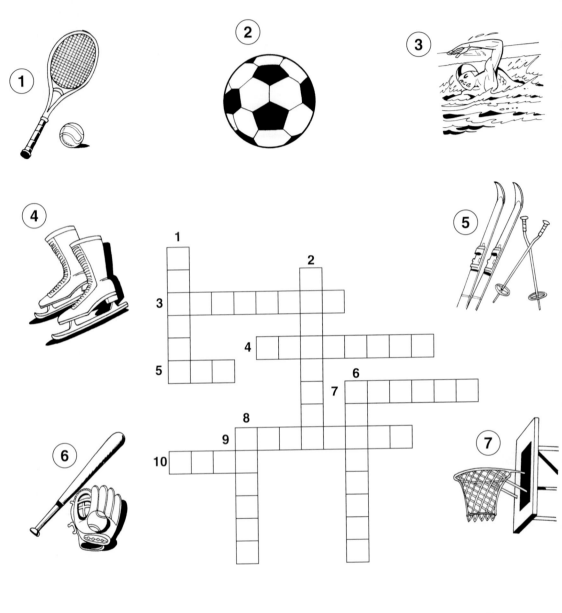

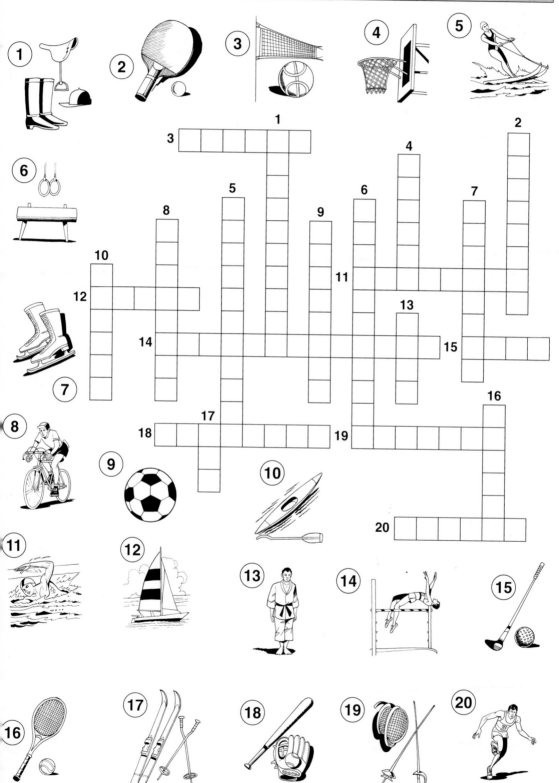

LES ALIMENTS

le café

le thé

le lait

le pain

les biscuits

la viande

le poisson

le poulet

le fromage

les saucisses

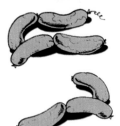

les œufs

le jambon

la glace

le gâteau

l'eau

le sucre

la soupe

le jus de fruits

le beurre

la confiture

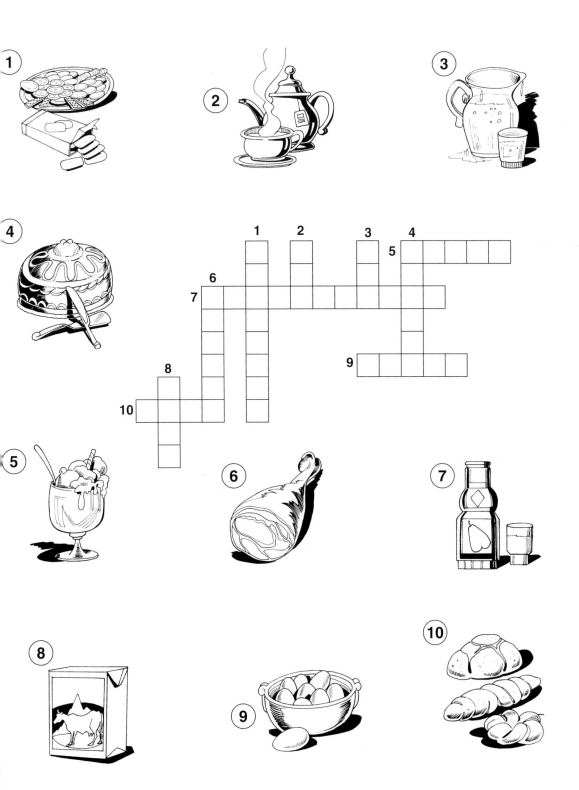

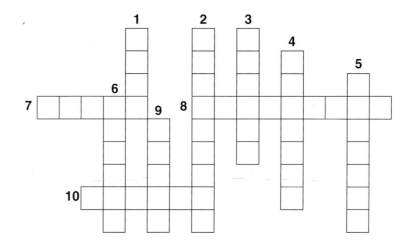

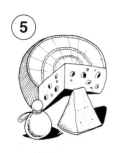

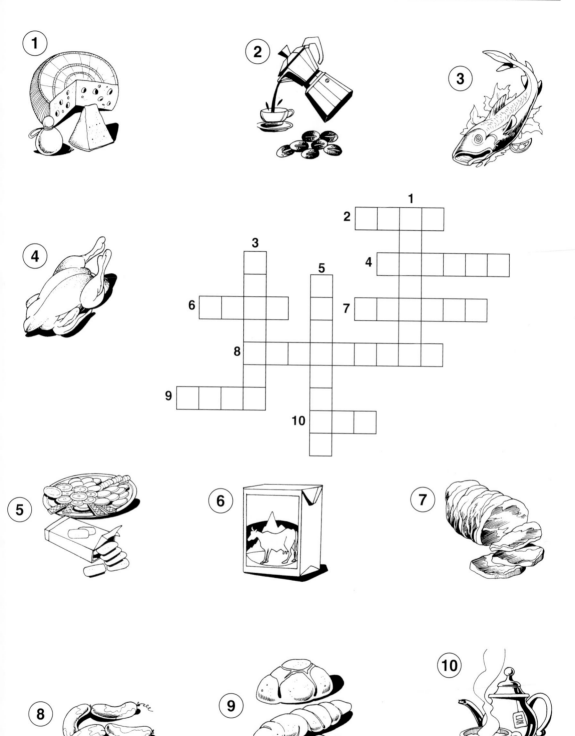

4

1

2

3

4

5

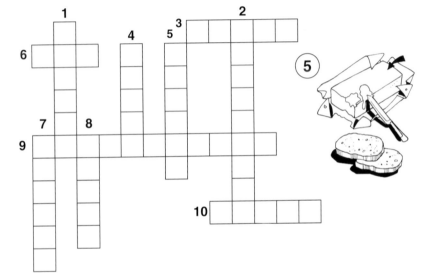

6

7

8

9

10

6

7

8

9

10

32

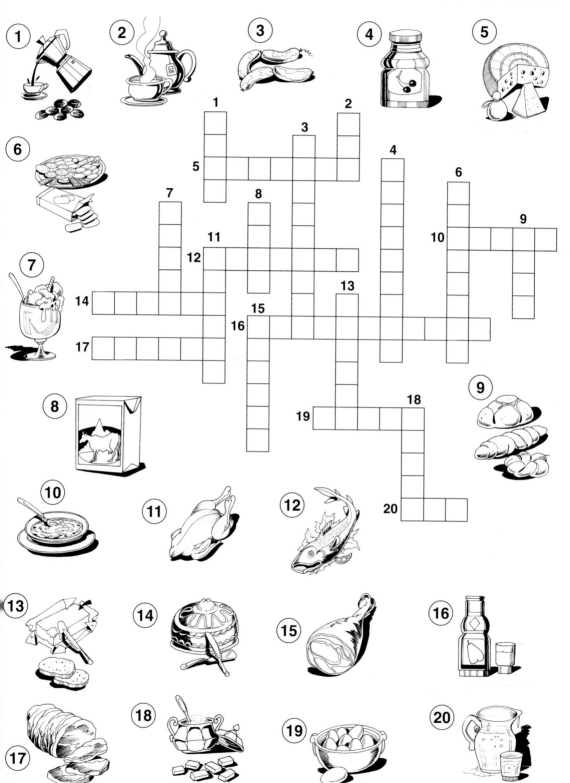

la pomme

la poire

le raisin

les fraises

les pêches

L'abricot

les oranges

le citron

le melon

la banane

l'ananas

les prunes

les cerises

le chou

les pommes de terre

les tomates

la laitue

les carottes

les petits-pois

le champignon

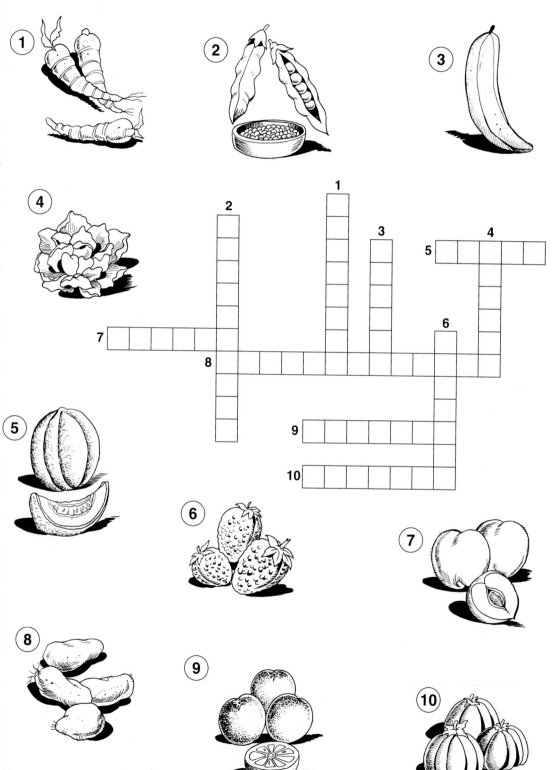

35

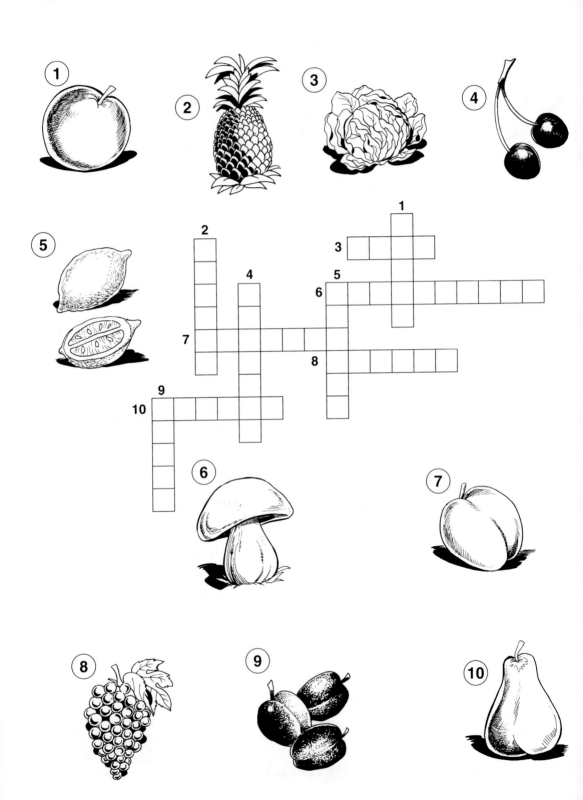

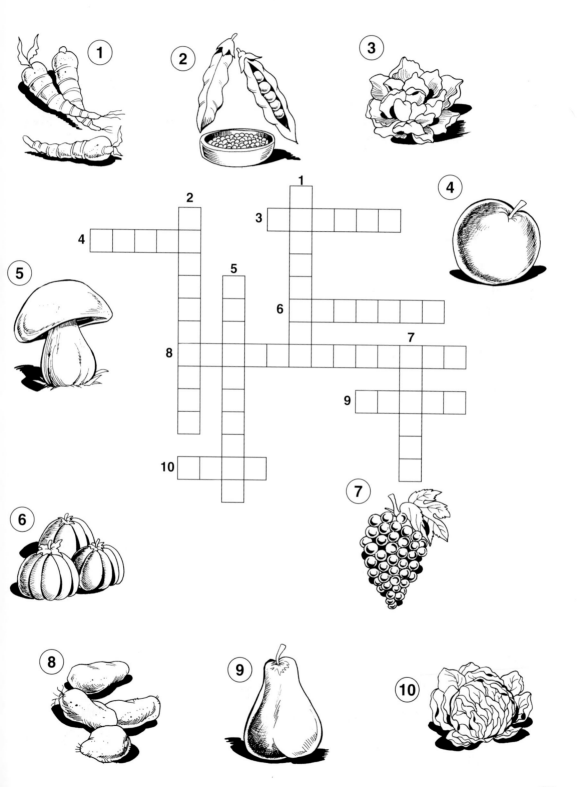

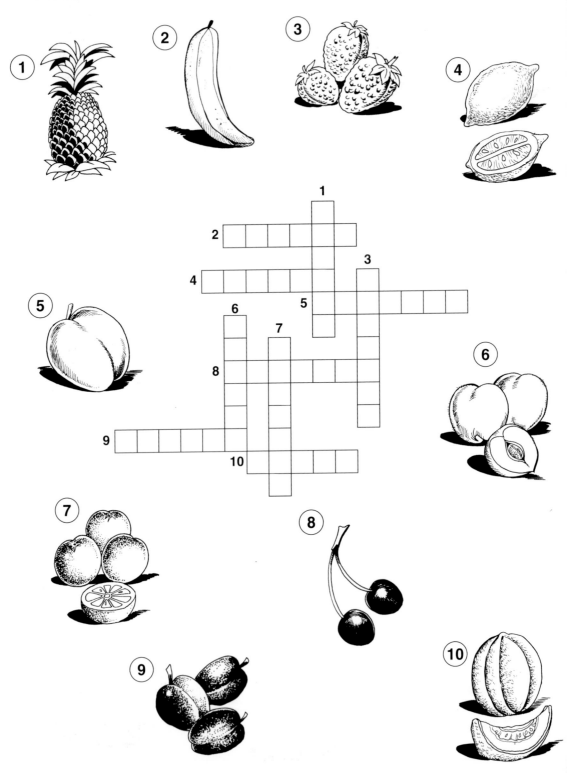

4

38

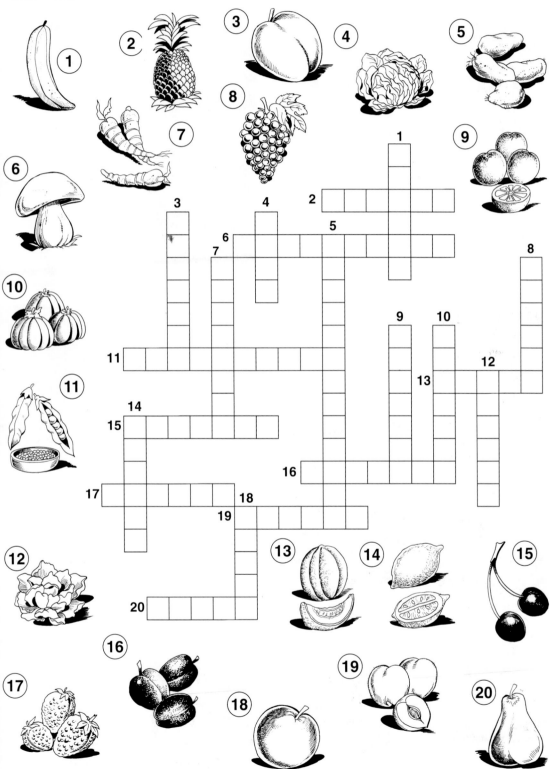

LA NATURE

l'arbre

la fleur

la montagne

la colline

le soleil

les nuages

les étoiles

la lune

l'arc-en-ciel

le ciel

le champ

le bois

la cascade

le fleuve

la mer

le lac

l'île

la neige

la pluie

le vent

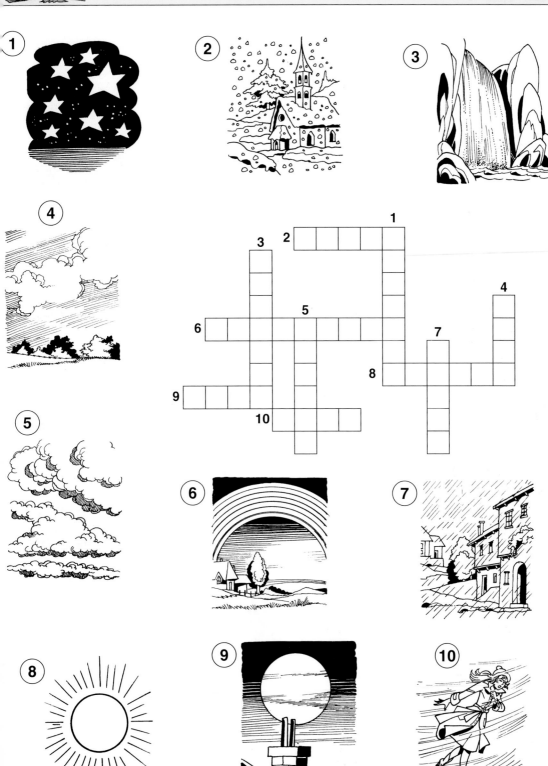

41

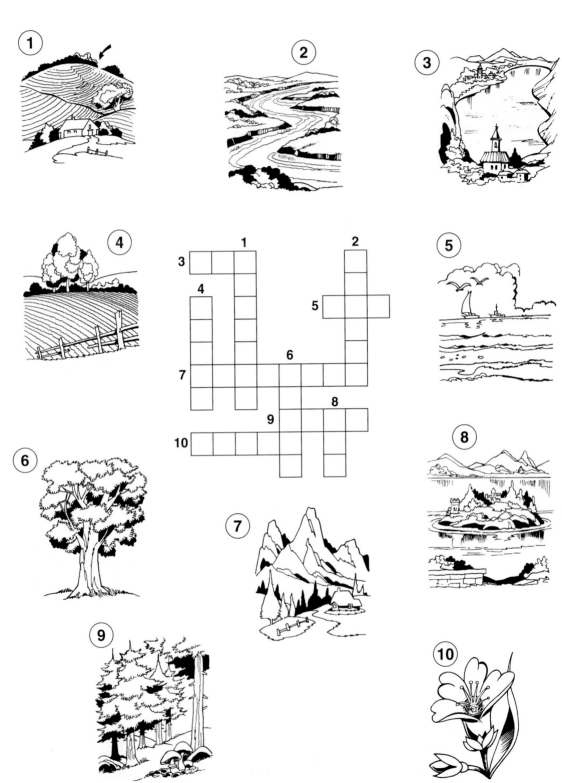

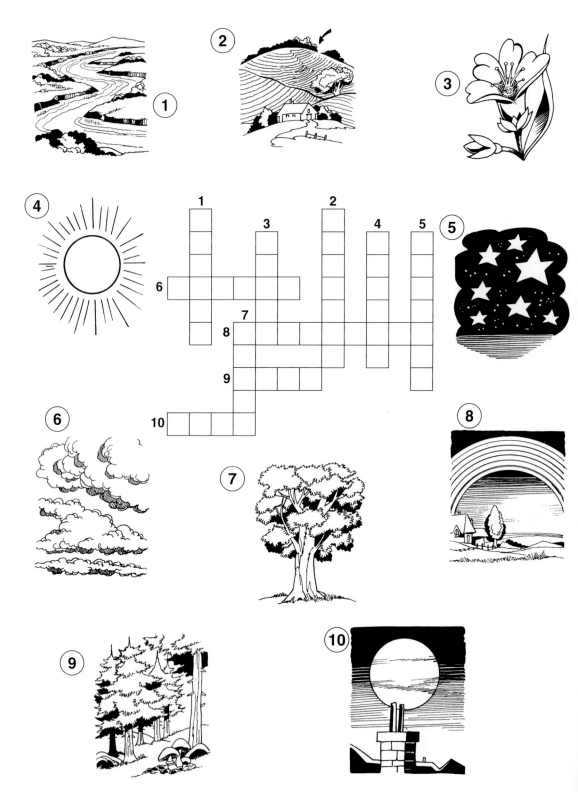

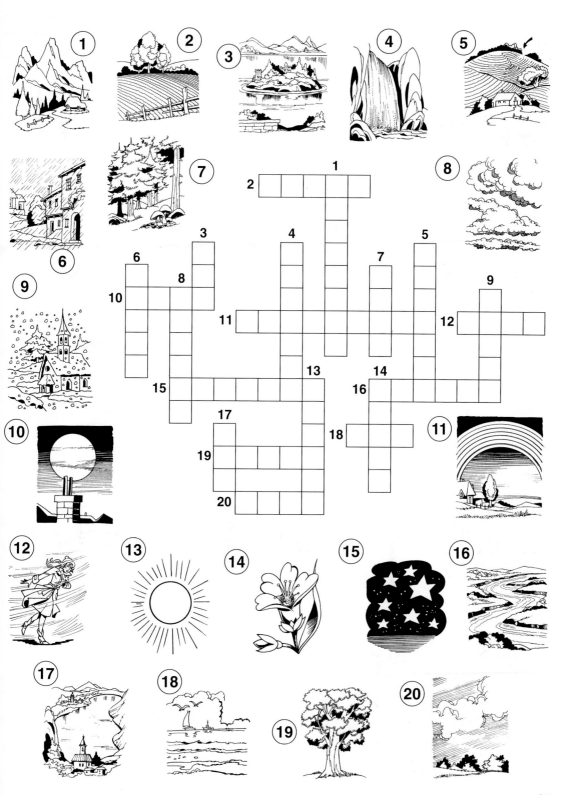

l'école

l'église

l'hôpital

la bibliothèque

le magasin

la banque

le bureau de poste

le cinéma

l'hôtel

le restaurant

la station-service

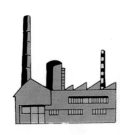
l'usine

le stade

le parc

la place

la rue

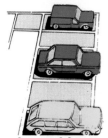
le parking

les feux de signalisation

le trottoir

la statue

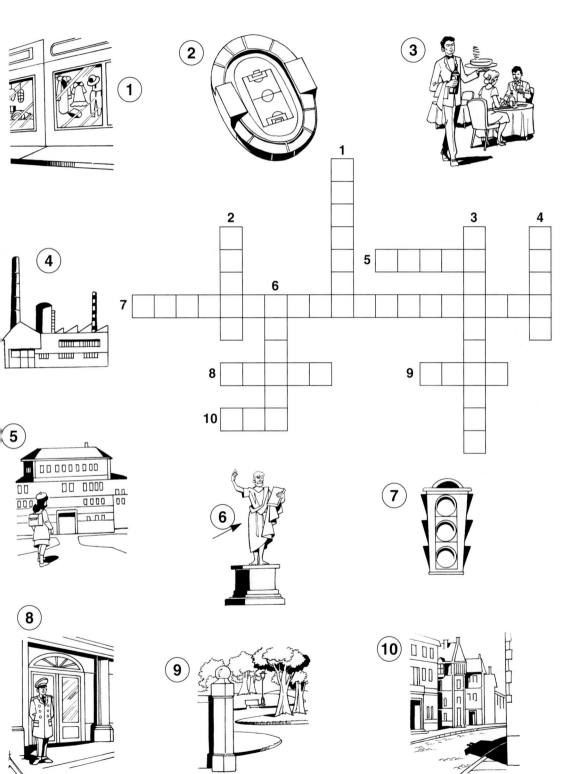

48

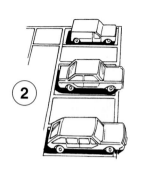

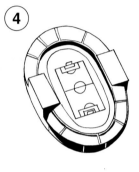

49

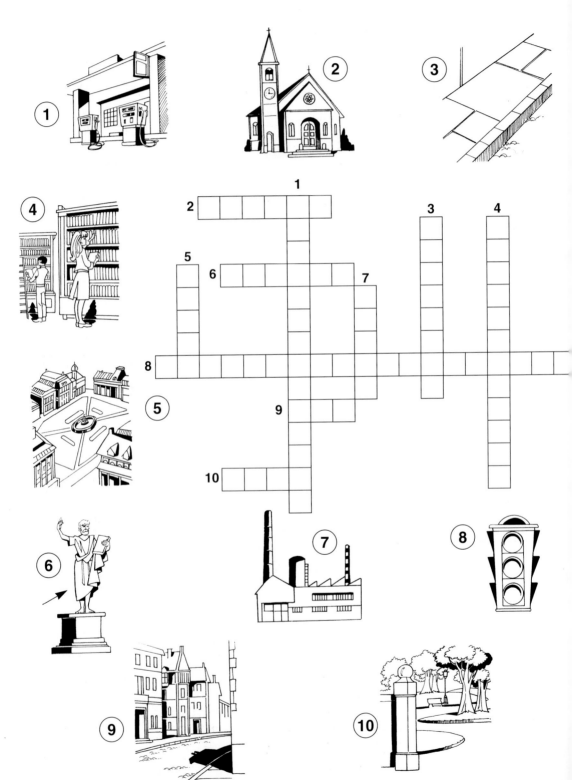

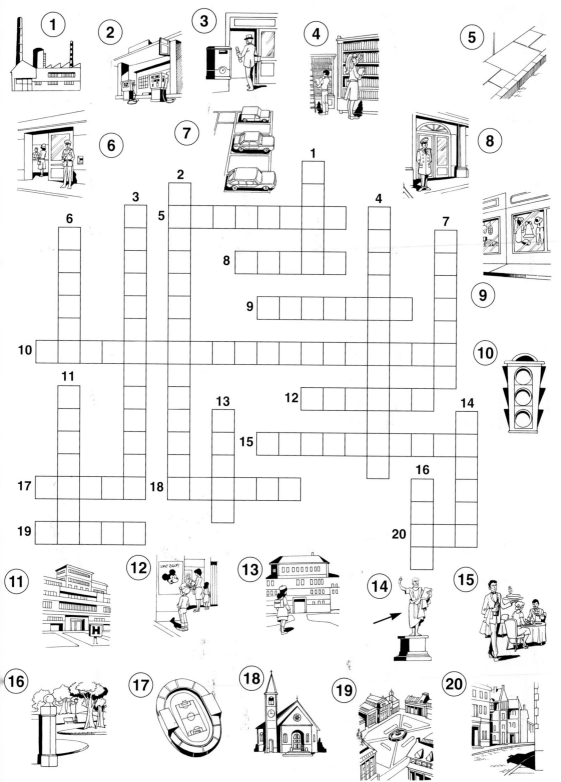

LES VÊTEMENTS

la robe

la jupe

la chemise

le pull-over

le pantalon

le blouson

le manteau

l'écharpe

le short

les chaussettes

la lingerie

le tricot de corps

les chaussures

les pantoufles

les sandales

la cravate

le pyjama

les gants

les bottes

le chapeau

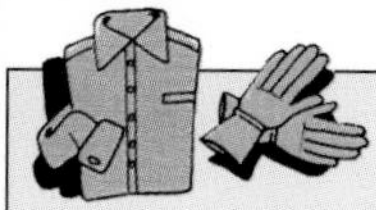

1

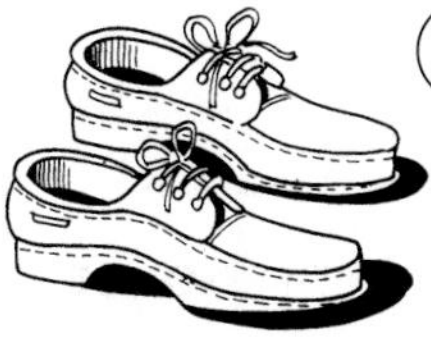

2

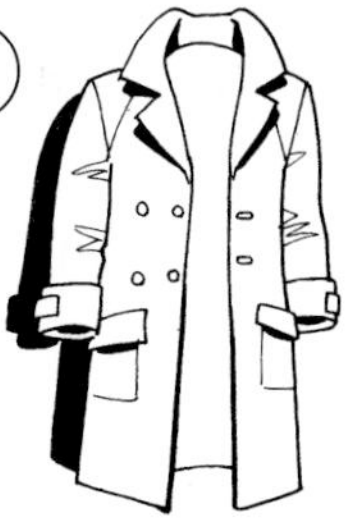

3

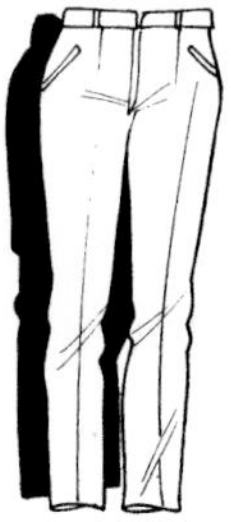

4

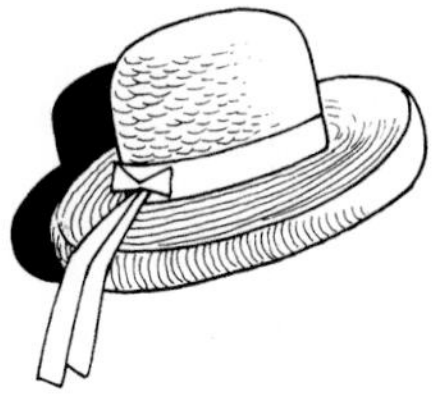

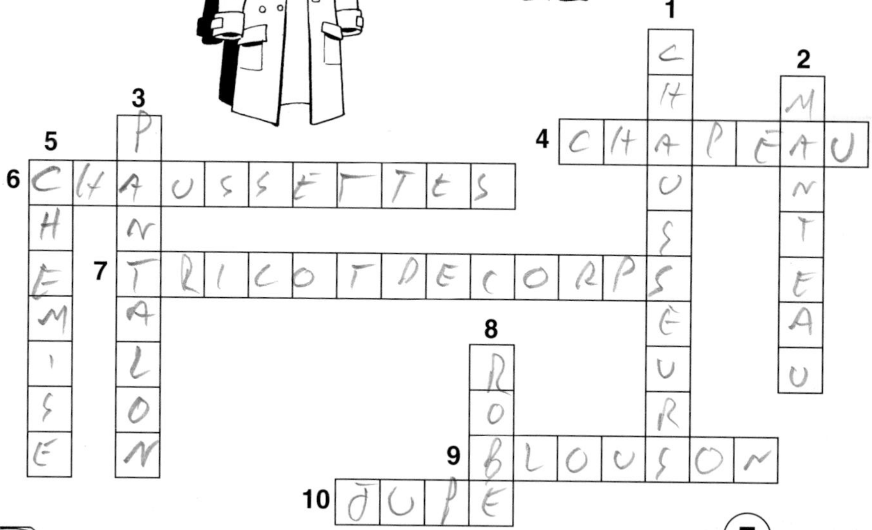
1 CHAUSSEUR
2 MANTEAU
3 PANTALON
4 CHAPEAU
5 CHEMISE
6 CHAUSSETTES
7 TRICOTDECORPS
8 ROBE
9 BLOUSON
10 JUPE

5

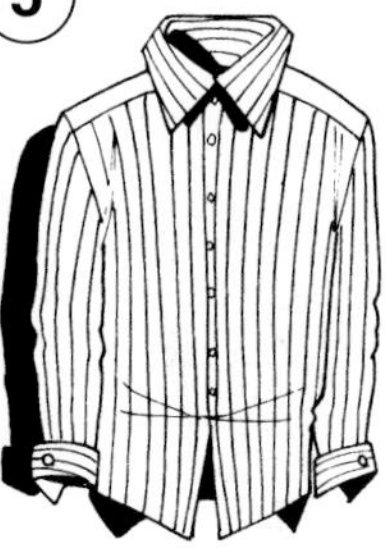

6

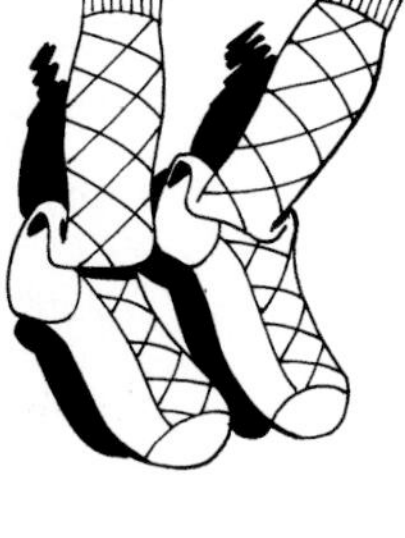

7

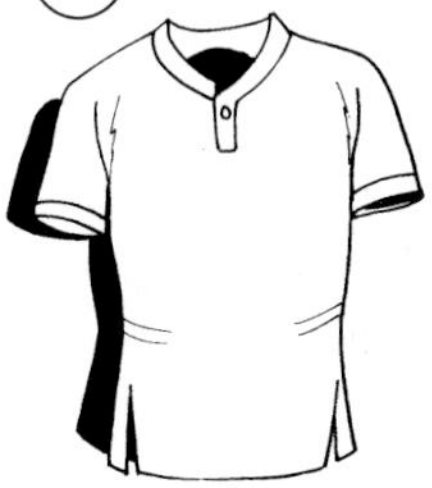

8

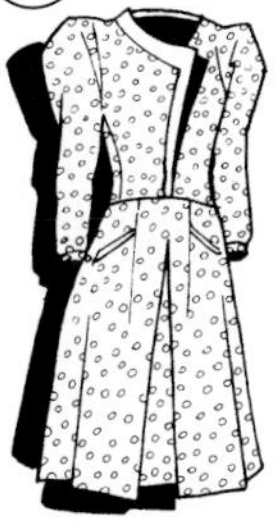

9

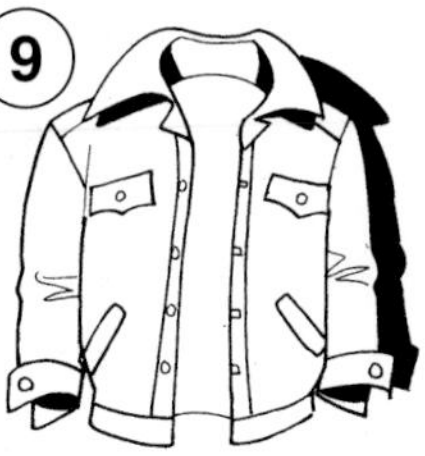

10

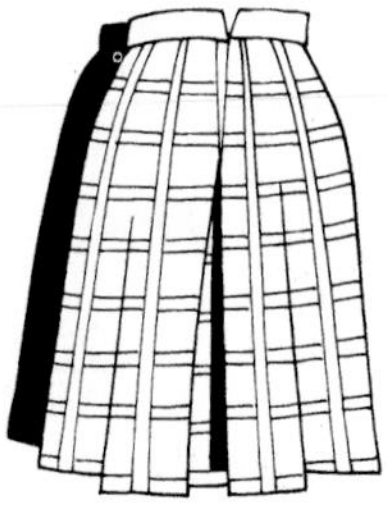

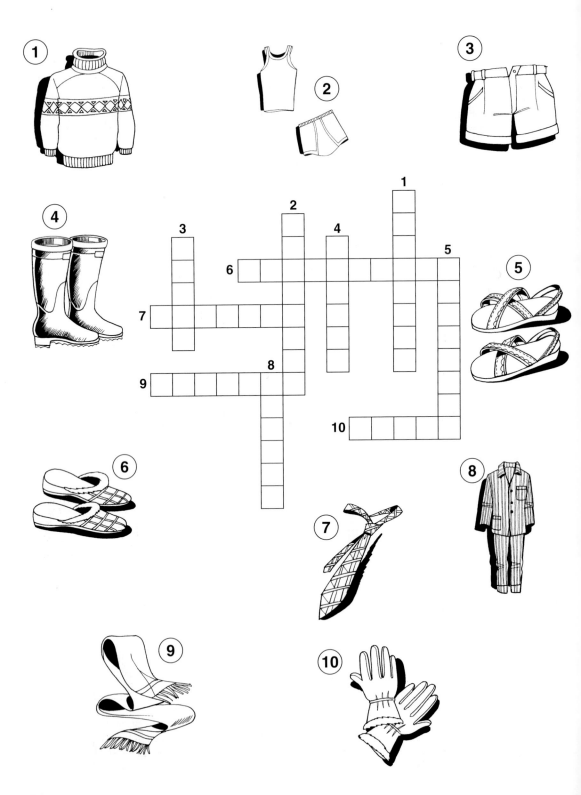

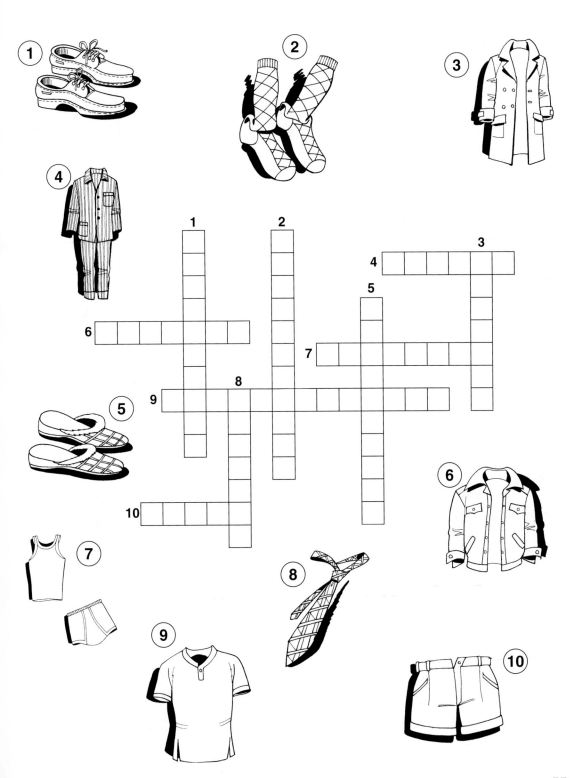

4

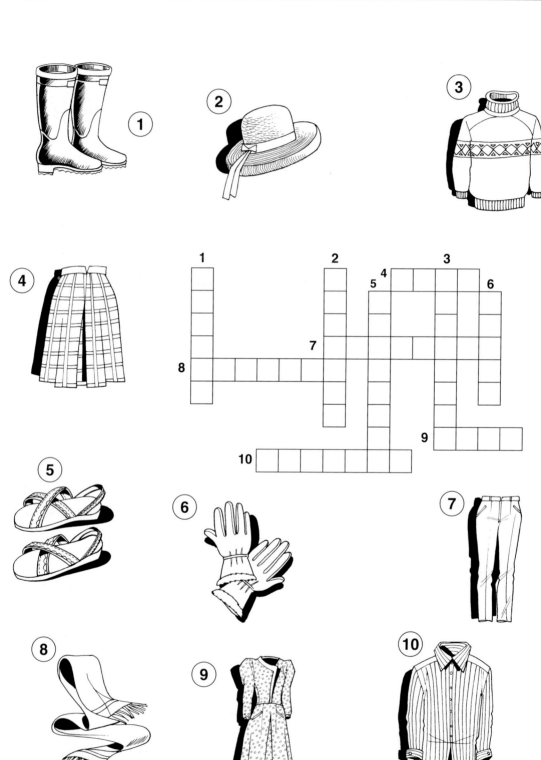

56

5

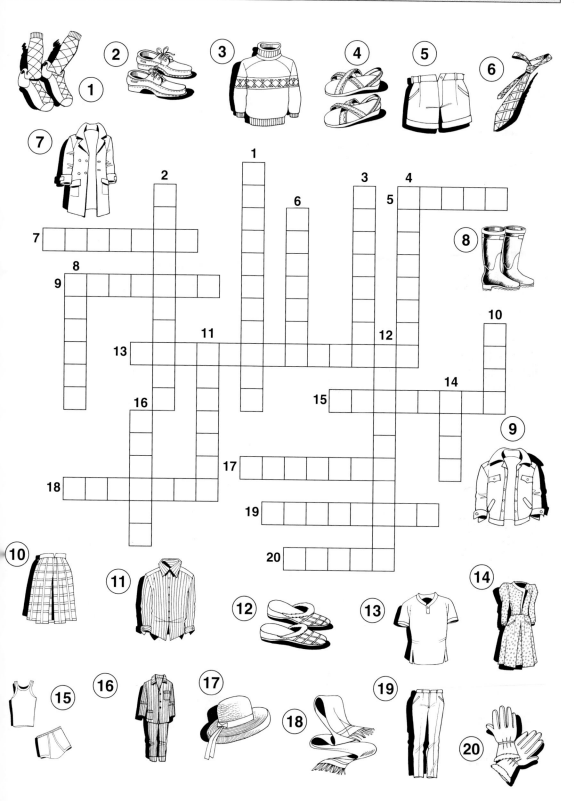

LES ANIMAUX

le pingouin

le chameau

le cerf

la girafe

le panda

l'hippopotame

la tortue

le zèbre

le serpent

le rhinocéros

le lion

le tigre

le kangourou

l'éléphant

le gorille

le singe

le crocodile

le loup

le phoque

l'ours

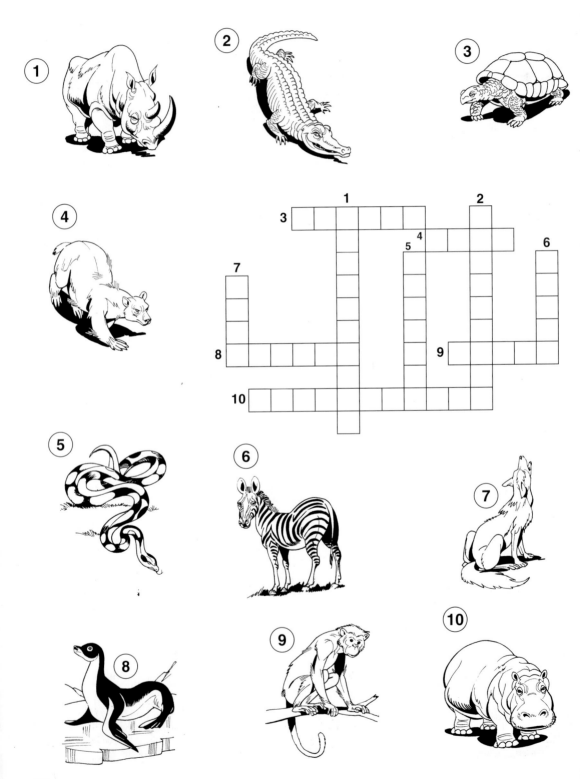

LES ADJECTIFS

rapide   **lent**   **chaud**   **froid**

lourd   **léger**   **grand**   **petit**

long   **court**   **gros**   **maigre**

bon   **mauvais**   **beau**   **laid**

neuf   **vieux**   **plein**   **vide**

1
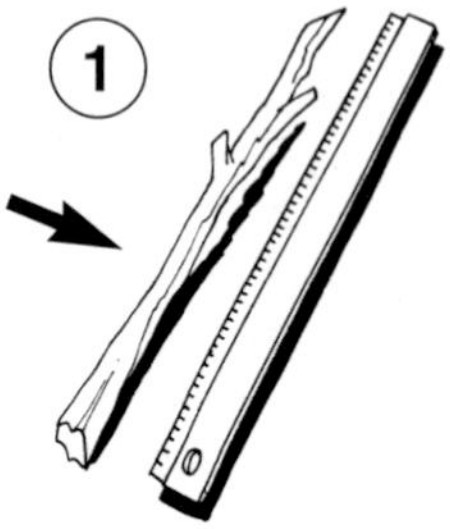

2
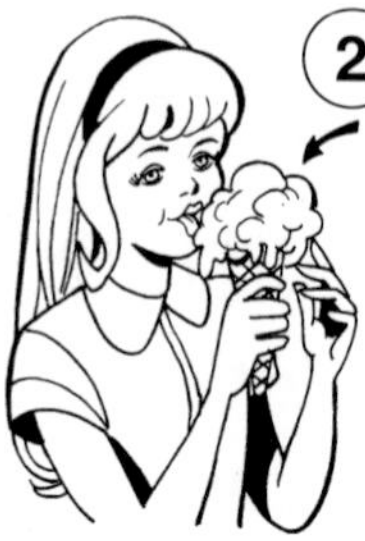

3
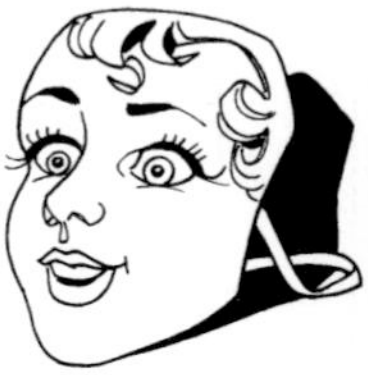

4
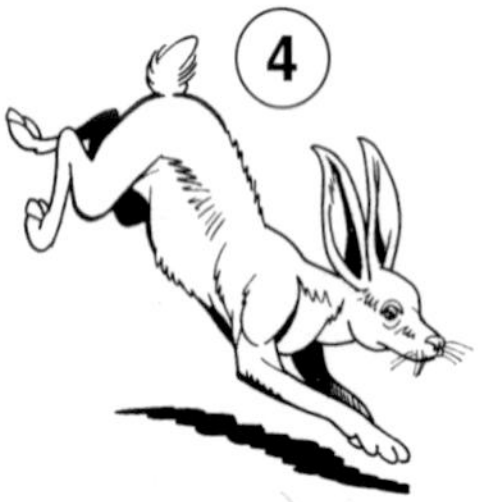

5
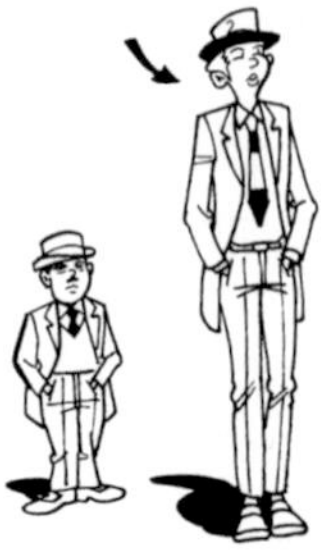

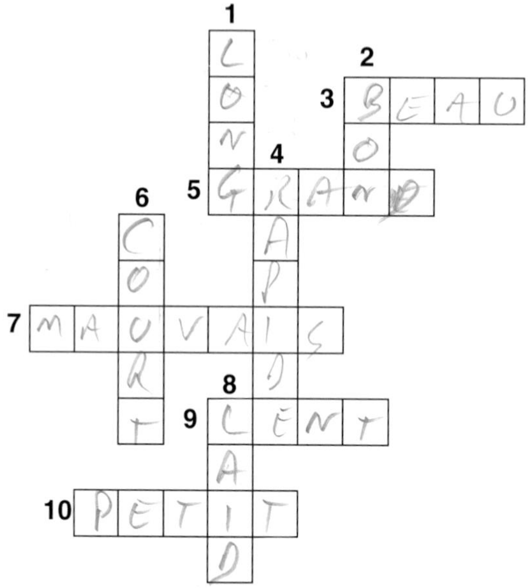
1 LONG
2 BON
3 BEAU
4 RAPIDE
5 GRAND
6 COURT
7 MAUVAIS
8 LAID
9 LENT
10 PETIT

6
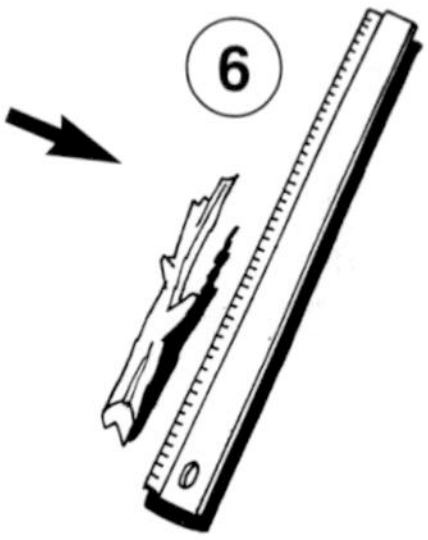

7
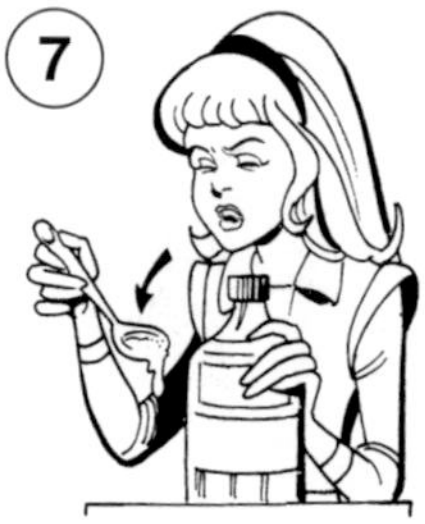

8
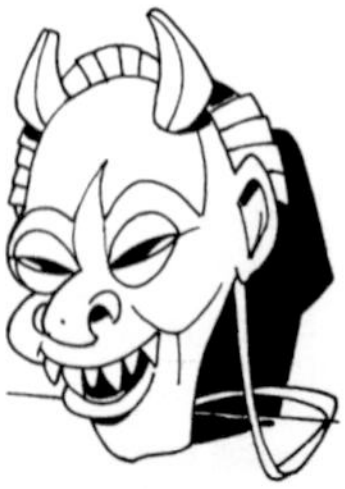

9
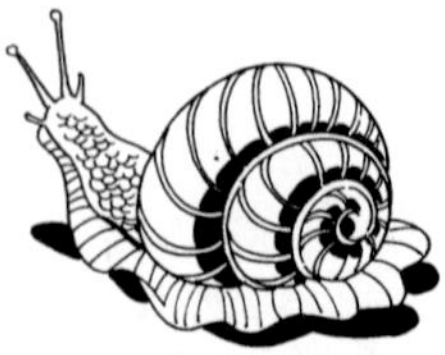

10
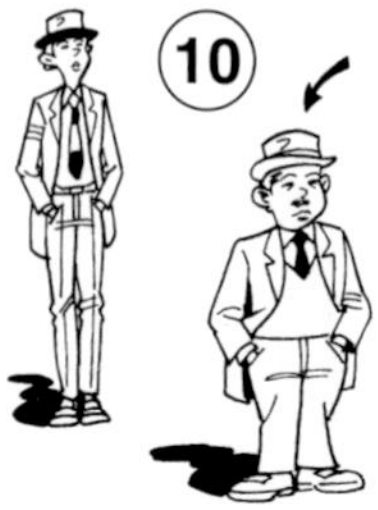

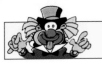

1

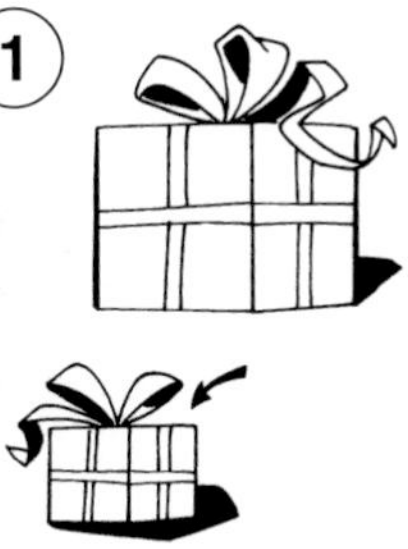

2

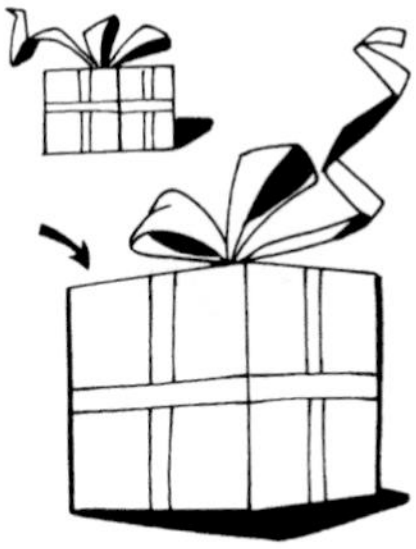

3

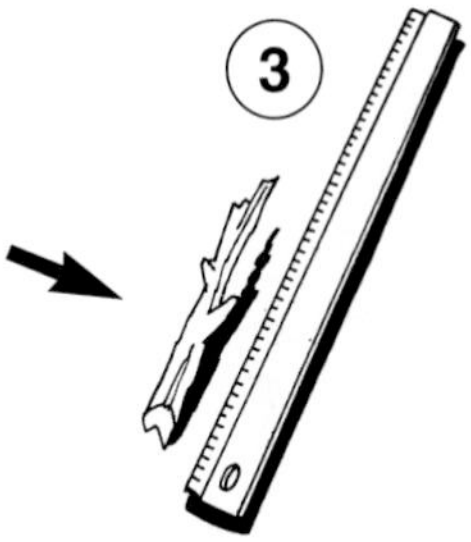

4

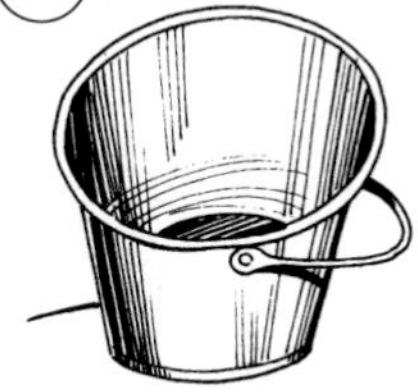

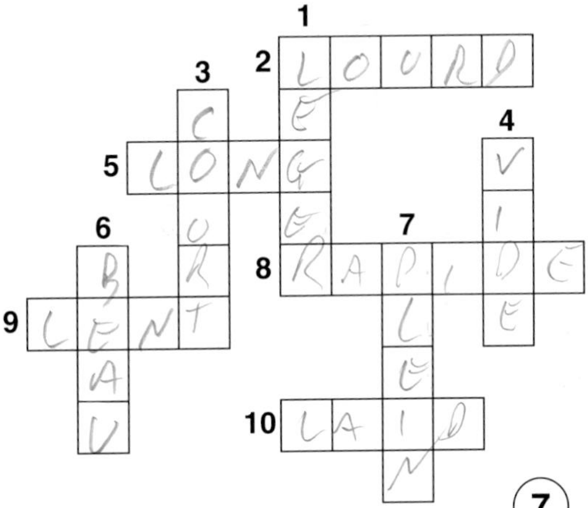

5

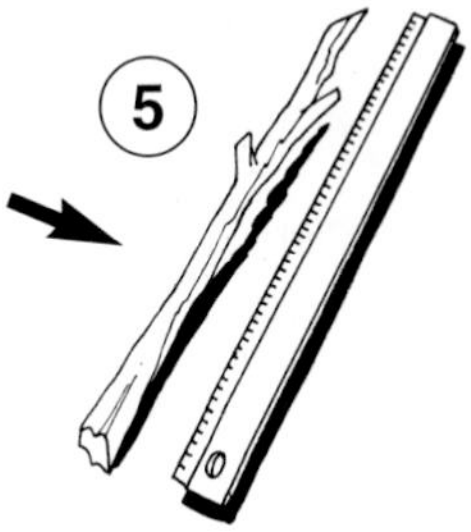

6

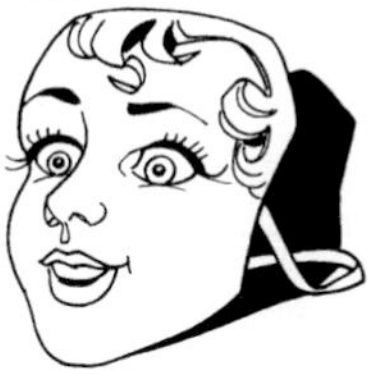

7

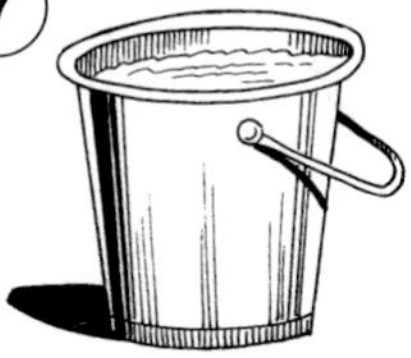

8

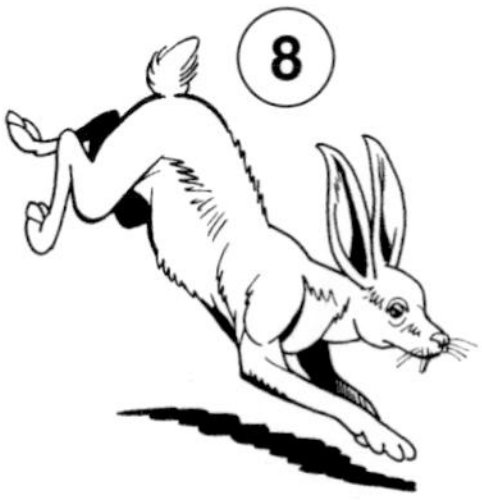

9

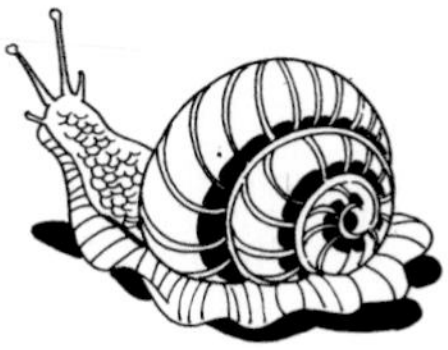

10

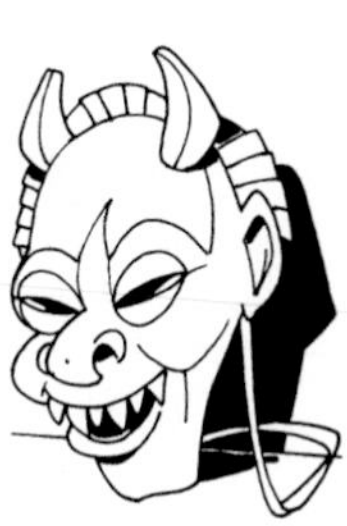

L'ÉCOLE

la gomme

la trousse

le cahier

le stylo

les feutres

le taille-crayon

le livre

la colle

les crayons
de couleur

les cisaux

le craie

la règle

le tableau

l'agrafeuse

le pinceau

la boîte
de peinture

le crayon

la professeur

la corbeille
à papier

le compas

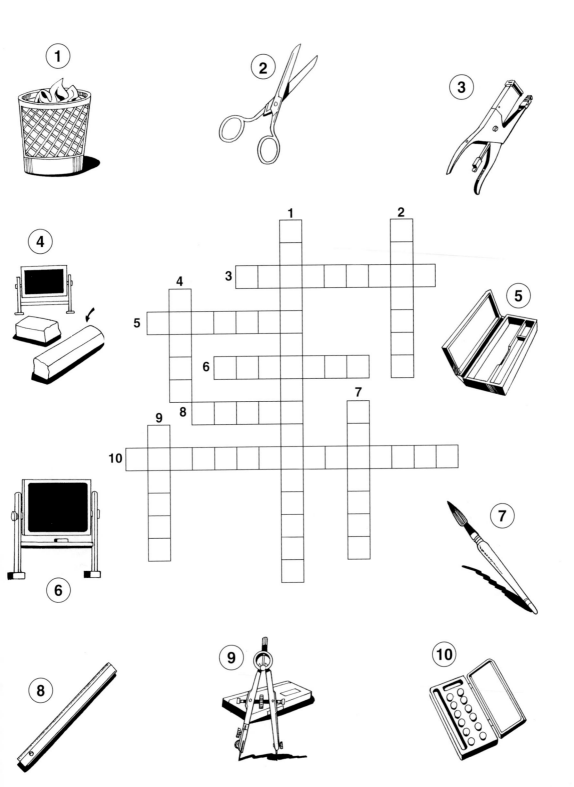

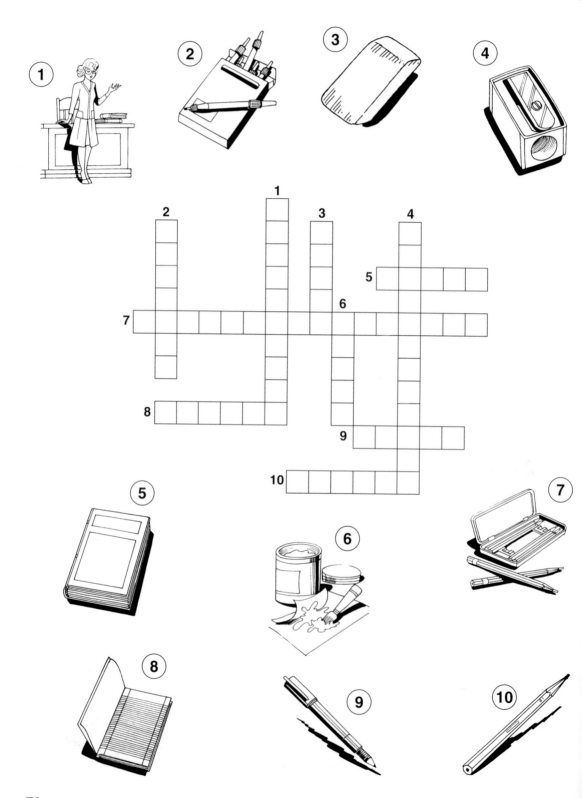

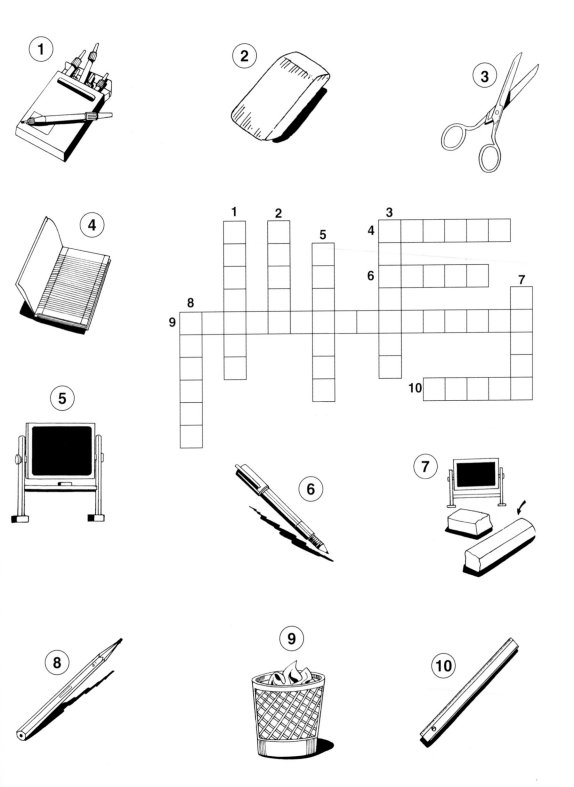

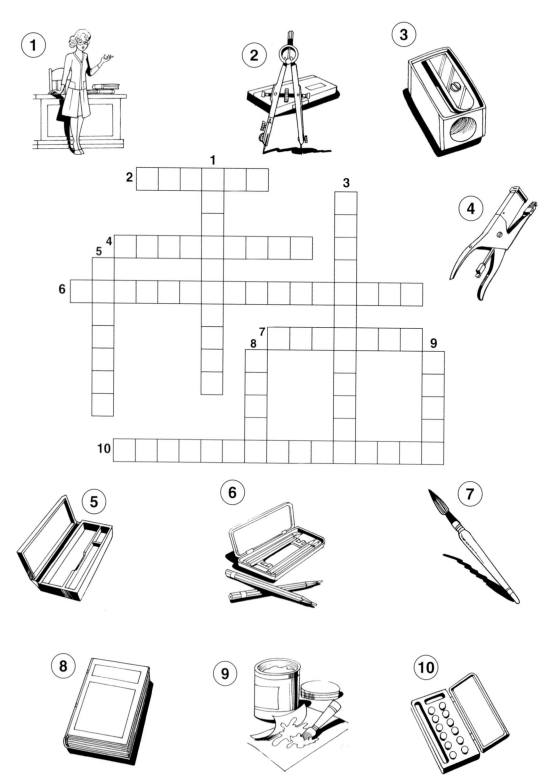

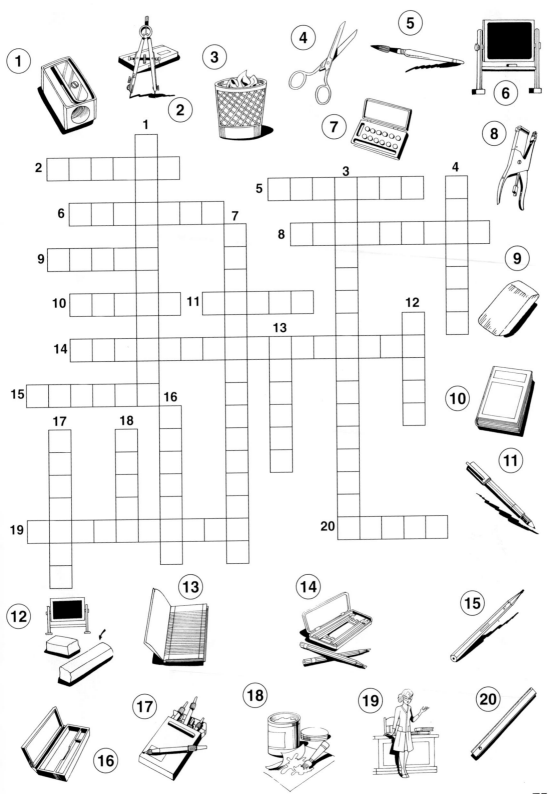

LES VERBES

descendre

monter

regarder

manger

dormir

entrer

sortir

boire

écrire

lire

tomber

tirer

pousser

dessiner

parler

écouter

téléphoner

marcher

pleurer

rire

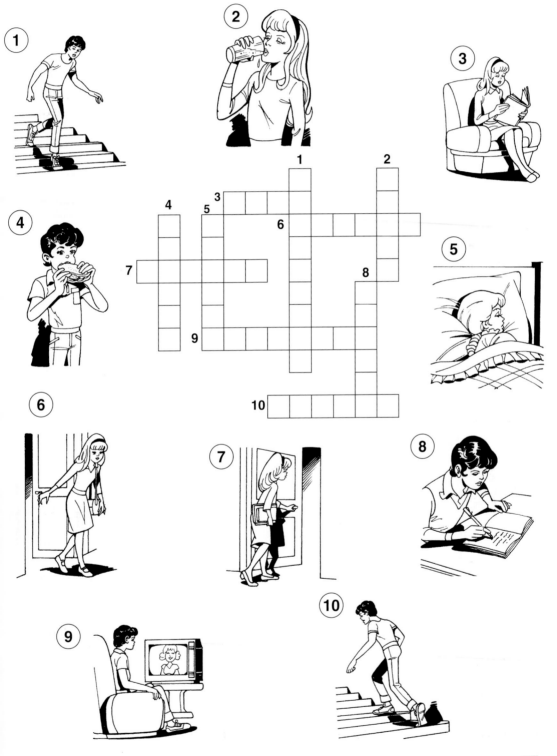

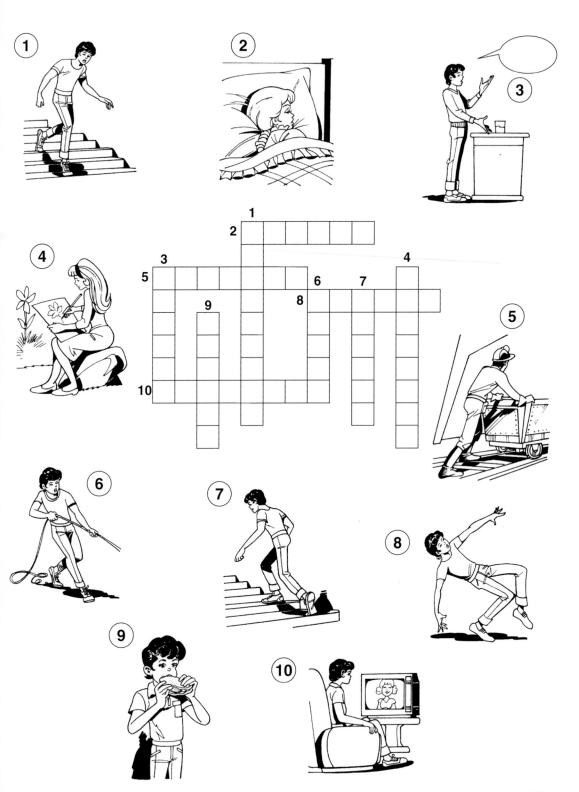

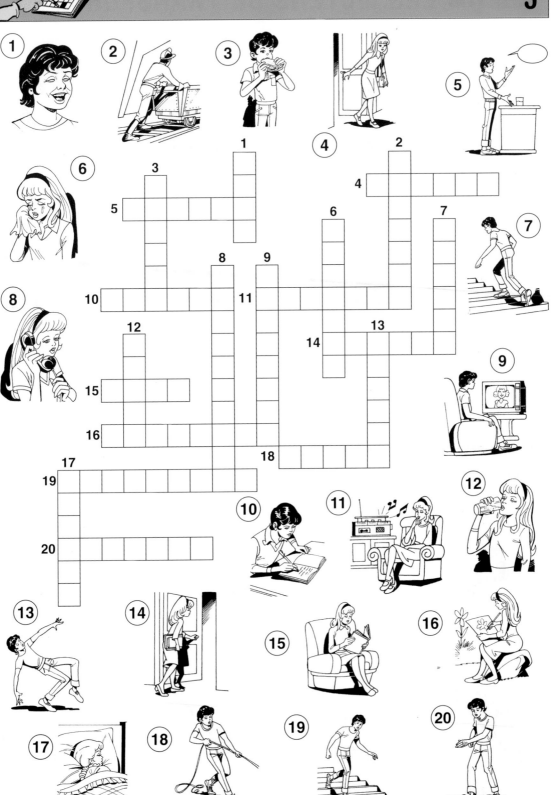

la bicyclette

le cyclomoteur

la moto

la voiture

la camionette

le camion

le tracteur

le taxi

l'ambulance

la voiture
de pompiers

l'autobus

le métro

le train

la barque

le canot à moteur

le navire

l'hélicoptère

l'avion

la fusée

la navette
spatiale

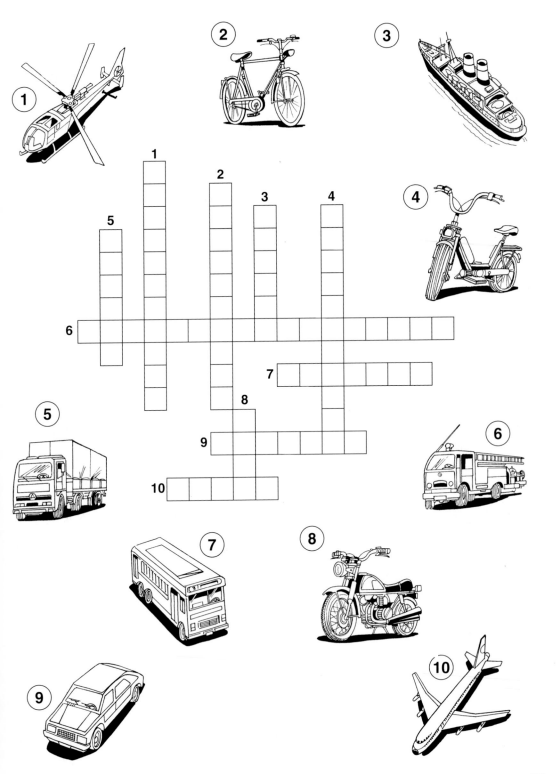

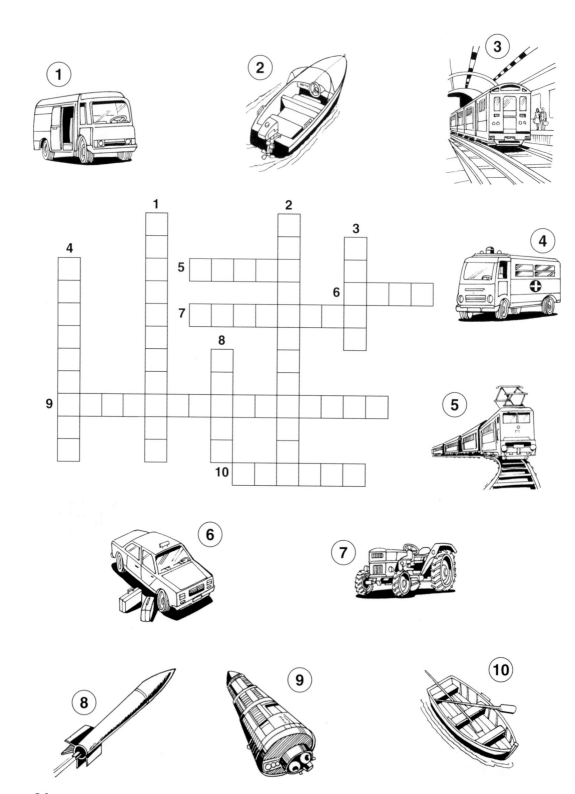

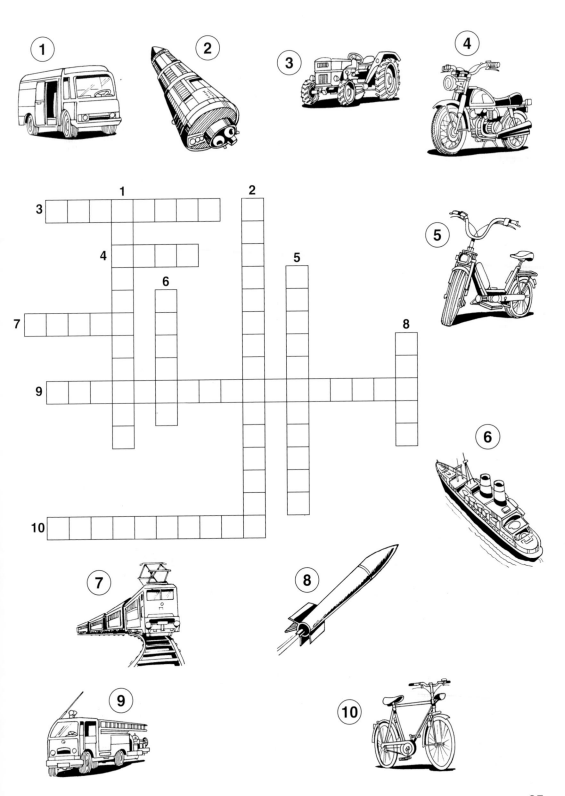

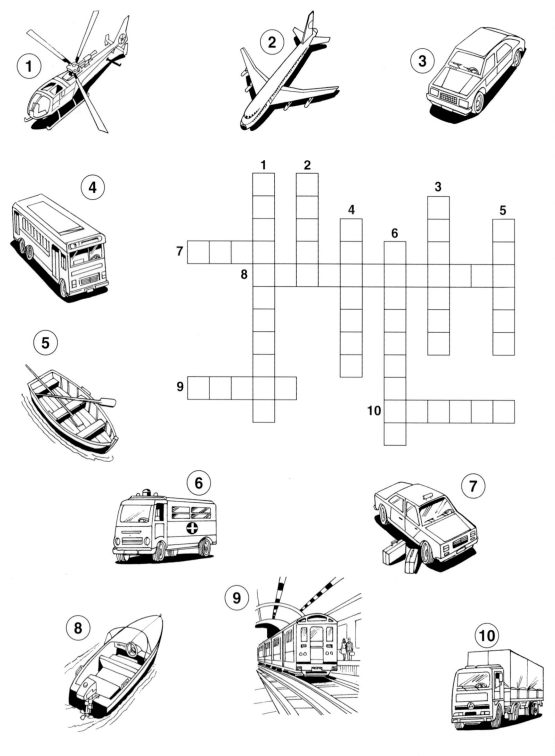

86

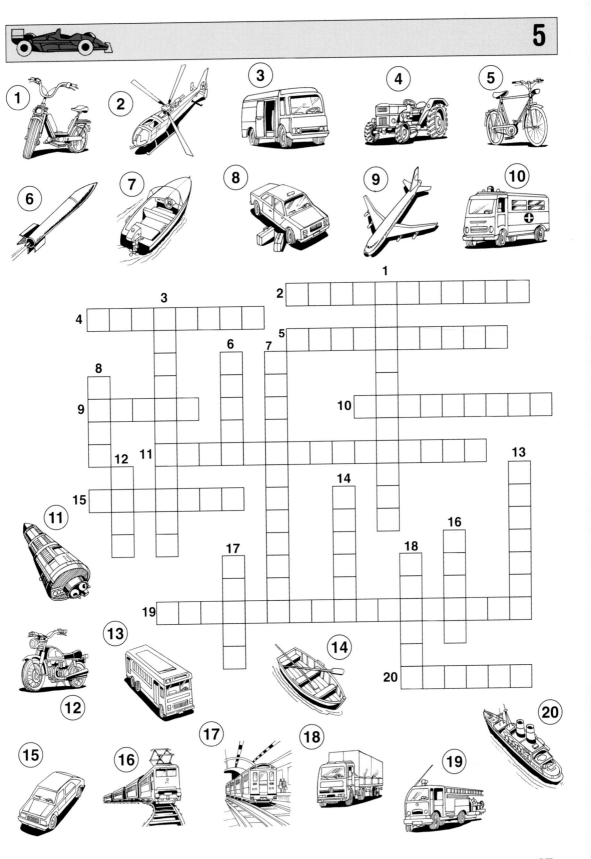

LES ANIMAUX DE LA FERME

l'âne	le chien	le lapin	la poule
le canard	le cochon	le mouton	le poussin
le chat	le coq	l'oie	le rat
le cheval	le dindon	l'oiseau	le taureau
la chèvre	la grenouille	le papillon	la vache

LA MAISON

l'appartement	l'escalier	les marches	la salle de bains
la chambre	la fenêtre	le mur	la salle de séjour
la cheminée	le garage	le plafond	le carrelage
la cuisine	l'immeuble	le portail	le toit
l'entrée	le jardin	la porte	la villa

À LA MAISON

l'armoire	l'évier	la machine à laver	le robinet
la baignoire	le fauteuil	le miroir	la table
la chaise	la lampe	le réveil	le tableau
le coussin	le lavabo	le gaz	le téléviseur
le divan	le lit	le réfrigérateur	les tiroirs

LES SPORTS

l'aviron	l'équitation	le judo	le ski
le base-ball	l'escrime	la natation	le ski nautique
le basket	le football	le patinage	le tennis
le cyclisme	la gymnastique	le ping-pong	la voile
la course	le golf	le saut en hauteur	le volley

LES ALIMENTS

page 28

le beurre	le fromage	le lait	les saucisses
les biscuits	le gâteau	les œufs	la soupe
le café	la glace	le pain	le sucre
la confiture	le jambon	le poisson	le thé
l'eau	le jus de fruits	le poulet	la viande

FRUITS ET LÉGUMES

page 34

l'abricot	le champignon	le melon	la pomme
l'ananas	le chou	les oranges	les pommes de terrre
la banane	le citron	les pêches	les prunes
les carottes	les fraises	les petits-pois	le raisin
les cerises	la laitue	la poire	les tomates

LA NATURE

page 40

l'arbre	le ciel	l'île	la neige
l'arc-en-ciel	la colline	le lac	les nuages
le bois	les étoiles	la lune	la pluie
la cascade	la fleur	la mer	le soleil
le champ	le fleuve	la montagne	le vent

LA VILLE

page 46

la banque	l'église	le parc	la stade
la bibliothèque	les feux de signalisation	le parking	la station-service
le bureau de poste	l'hôpital	la place	la statue
le cinéma	l'hôtel	le restaurant	le trottoir
l'école	le magasin	la rue	l'usine

LES VÊTEMENTS

page 52

le blouson	la chemise	la lingerie	le pyjama
les bottes	la cravate	le manteau	la robe
le chapeau	l'écharpe	le pantalon	les sandales
les chaussettes	les gants	les pantoufles	le short
les chaussures	la jupe	le pull-over	le tricot de corps

LES ANIMAUX

page 58

le cerf	le gorille	l'ours	le serpent
le chameau	l'hippopotame	le panda	le singe
le crocodile	le kangourou	le phoque	le tigre
l'éléphant	le lion	le pingouin	la tortue
la girafe	le loup	le rhinocéros	le zèbre

LES ADJECTIFS

page 64

beau	grand	long	petit
bon	gros	lourd	plein
chaud	laid	maigre	rapide
court	léger	mauvais	vide
froid	lent	neuf	vieux

L'ÉCOLE

page 70

l'agrafeuse	le compas	les feutres	la règle
la boîte de peinture	la craie	la gomme	le stylo
le cahier	le crayon	le livre	le tableau
les ciseaux	les crayons de couleur	le pinceau	le taille-crayon
la colle	la corbeille à papier	la professeur	la trousse

LES VERBES

page 76

boire	écrire	monter	rire
descendre	entrer	parler	sortir
dessiner	lire	pleurer	téléphoner
dormir	manger	pousser	tirer
écouter	marcher	regarder	tomber

LES MOYENS DE TRANSPORT

page 82

l'ambulance	le camion	l'hélicoptère	le taxi
l'autobus	la camionette	le métro	le tracteur
l'avion	le canot à moteur	la moto	le train
la barque	le cyclomoteur	la navette spatiale	la voiture
la bicyclette	la fusée	le navire	la voiture de pompiers